삶의 모든 순간을
바치는 기도

삶의 모든 순간을 바치는 기도

발행일 2025. 11. 11

글쓴이 박정미
펴낸이 강병완

펴낸곳 성바오로
출판등록 7-93호 1992. 10. 6
주소 서울특별시 강북구 오현로7길 20(미아동)

취급처 성바오로보급소 **전화** 944-8300, 986-1361
팩스 986-1365 **통신판매** 945-2972
E-mail bookclub@paolo.net
인터넷 서점 www.paolo.kr

책값은 뒤표지에 있습니다.
ISBN 978-89-8015-962-8
교회인가 서울대교구 2025. 7. 31 SSP 1105

ⓒ 박정미, 2025.

- 이 책은 저작권법의 보호를 받으므로 무단전재와 무단복제를 금합니다.
  이 책 내용의 전부 또는 일부를 재사용하려면 반드시 저작권자와 성바오로출판사의
  동의를 얻어야 합니다.

삶의 모든 순간을
바치는 기도

박정미 글

차례

I. 아침 기도

평범한 아침을 여는 기도	11
중요한 일이 있는 아침 기도	12
일어나기 힘든 아침 기도	13
주일, 휴일 아침 기도	14
새로운 시작을 하는 아침 기도	15

II. 저녁 기도

평범한 하루를 마치는 저녁 기도	19
보람된 하루를 마치는 저녁 기도	20
힘든 하루를 마치는 저녁 기도	21
기쁨 가득한 하루를 마치고 드리는 기도	23
불안하고 걱정이 많은 하루를 마치며 드리는 기도	24

III. 일상의 기도

식사 전 기도	29
식사 후 기도	29
견디기 어려울 때 드리는 기도	29
운전 전 기도	30
운전 후 기도	30
감사의 기도	31

IV. 나를 위한 기도

세상에 존재하는 나에 대한 감사 기도	35
관계 속에서 조화로운 나를 위하여	36
꿈꾸고 도전하는 나를 위한 기도	37
여유롭고 온유한 내가 되기 위한 기도	38
위로가 필요한 나를 위한 기도	40

V. 가족을 위한 기도

가장을 위한 기도	44
자녀를 위한 기도	45
부모님을 위한 기도	46
배우자를 위한 기도	48
반려동물을 위한 기도	49

VI. 기도가 필요한 순간

출근, 일을 시작하며 드리는 기도	53
수업, 공부를 시작하며 드리는 기도	54
회의, 모임을 시작하며 드리는 기도	55
치료를 시작하며 드리는 기도	56
수능을 준비하며 드리는 기도	57

VII. 노년을 위한 기도

노년의 건강과 안정된 삶을 청하는 기도	61
소외되지 않는 노년을 위한 기도	62
존엄한 노년을 위한 기도	63
노년의 평화로운 관계를 위한 기도	64
노년의 기쁨과 열정이 지속되길 청하는 기도	65

VIII. 고통 중에 있는 이를 위한 기도

사고와 재해로 고통받는 이들을 위한 기도	69
애도 중에 있는 이들을 위한 기도	70
실연의 아픔 속에 있는 이들을 위한 기도	71
실패와 좌절을 겪는 이를 위한 기도	73
깊은 우울 속에 있는 이를 위한 기도	74

IX. **축하와 축복하는 기도**	생일을 축하하는 기도	79
	결혼을 축하하는 기도	80
	합격한 수험생을 위한 기도	81
	입사, 승진을 축하하는 기도	83
	상을 받았을 때 감사의 기도	84

X. **세상과 나를 잇는 기도**	보이지 않게 도움을 준 이들을 위한 기도	89
	우연한 도움에 감사하는 기도	90
	도무지 기도할 수 없을 때 드리는 기도	91
	공정하고 평화로운 지구촌을 위한 기도	92
	수능을 마치고 드리는 기도	93

I.
아침 기도

✦ 평범한 아침을 여는 기도

선하신 하느님,
오늘도 새로운 아침을 시작할 수 있도록
허락해 주셔서 감사드립니다.
평범한 이 아침이 누군가에겐 소중한 일상이며,
닿지 못하는 바람일 수 있음을 기억하게 하소서.
오늘도 주어진 공기와 햇살, 소박한 식사와
분주한 움직임 속에도 생명의 흐름과
당신의 은혜가 머물고 있음을 깨닫게 하소서.
어제와 다름없이 시작한 이 하루가,
그저 반복되는 시간이 아니라,
저를 더 나은 사람으로 만드는 하루가 되게 하소서.
오늘 하루, 어떤 파도가 일더라도 흐트러짐 없이
헤쳐 나갈 수 있는 지혜와 용기를 주소서.
그리고 오늘 저와 함께 계신 주님을 늘 기억하게 하소서.
우리 주 그리스도를 통하여 비나이다. 아멘.

✦ 중요한 일이 있는 아침 기도

우리의 인도자이신 하느님,

오늘 저에게는 중요한 일이 있습니다.

오늘 하루를 당신께 의탁하며, 기도드립니다.

제가 결정을 내려야 할 순간이나

생각하지 못한 결과를 받아들여야 할 순간에도

주님, 저를 당신의 지혜로 이끌어 주십시오.

두려움 대신 용기를 갖고

믿음 속에서 차분하게 판단하고 행동하며

그 결과에 책임질 수 있는

힘을 허락해 주소서.

그리하여 오늘 마주할 중요한 일이

당신 뜻에 맞게 이루어지고

오늘을 마무리하면서는

당신께 찬미와 감사를 드릴 수 있도록

이 하루를 이끌어 주소서.

우리 주 그리스도를 통하여 비나이다. 아멘.

✦ 일어나기 힘든 아침 기도

우리의 연약함을 보살피시는 하느님,

새날의 고요한 아침을 허락해 주셔서 감사합니다.

비록 몸이 피곤하고 무거워 일어나기 힘들지만,

오늘을 또 살아갈 수 있는 기회를 주셔서 감사합니다.

이 하루를 지내며 제가 힘을 잃지 않고

저에게 주어진 소명에 충실할 수 있도록 도와주세요.

또한 오늘도 각자의 삶의 자리에서 책임을 다하며 생활하는

우리 친구, 이웃을 위해서도 기도하오니,

저마다 삶의 무게를 감당하며 지친 몸과 마음으로

하루를 시작하는 그들에게도 새 힘을 더해 주시고

서로에게 위안이 되는 하루가 되게 하소서.

작은 수고에도 의미를 더하시는 주님,

오늘 하루 제 발걸음을 가볍게 해 주소서.

우리 주 그리스도를 통하여 비나이다. 아멘.

✦ 주일, 휴일 아침 기도

만물의 주인이신 하느님,
고요하고 평안한 아침을 허락해 주셔서 감사합니다.
분주한 일상에서 잠시 멈춰 천천히 마음을 가라앉히며
제 자신과 주위를 바라봅니다.
맑은 공기와 편안한 온도,
아늑한 방에서 일어날 수 있어 감사드립니다.
그리고 오늘 하루 여유롭게 쉬면서
제 몸과 마음이 새롭게 회복되게 하시고,
삶의 자리로 돌아가서는
기쁨과 감사함이 충만한 삶을 살게 하소서.
하늘과 구름, 나무와 꽃, 해와 달, 바다와 강,
이 모든 것들을 사랑으로 만드신 하느님,
산책이나 짧은 여행의 여유로움 속에서
당신의 창조물들을 발견하고
하나 되는 기쁜 하루가 되게 하소서.
우리 주 그리스도를 통하여 비나이다. 아멘.

✛ 새로운 시작을 하는 아침 기도

우리의 희망이신 주님,
오늘 저에게 새로운 출발의 길을 열어 주심에 감사드립니다.
새로운 시작으로 첫걸음을 내딛는 이 아침이,
두려움보다는 설렘으로,
걱정보다는 희망으로
가득 차게 하소서.
제가 가는 이 새로운 길을
주님께 맡겨 드리오니,
지혜와 분별력을 주시고,
맡겨진 사명에 책임을 다하게 하소서.
새로운 만남 속에서
따뜻함과 배려를 나누게 하시고,
경청과 협력을 통하여
서로에게 도움이 되게 하소서.
시작할 때의 이 순수한 마음을 끝까지 간직하게 하시고
또한 어려움에 부딪히면

오늘의 첫 마음을 떠올리게 하소서.
오늘도 제 삶을 인도하시고 함께하시는 주님께 감사드리며,
우리 주 그리스도를 통하여 비나이다. 아멘.

II.
저녁 기도

✦ 평범한 하루를 마치는 저녁 기도

자비하신 하느님,
오늘도 당신의 은총 속에서 하루를 마치고
편안한 저녁을 맞이하게 되어 감사드립니다.
특별함 없는 하루였지만,
맡겨진 일에 최선을 다하며
저의 자리를 지킬 수 있었던 시간은
축복임을 깨닫습니다.
매일 이어지는 평범한 일상 안에서
삶의 의미를 잊지 않고,
노동의 수고 속에서도
기쁨과 감사를 느낄 수 있어 행복합니다.
매일의 작은 일들에도 정성을 다할 수 있는
겸손한 마음을 갖게 하소서.
오늘도 가족과 함께
따뜻한 잠자리에 들게 해 주심에 감사드립니다.
오늘 밤의 편안한 휴식을 통해 새로운 내일을 맞이하고

주님의 손길을 느끼며
하루하루를 감사로 채워 가는 삶이 되게 하소서.
우리 주 그리스도를 통하여 비나이다. 아멘.

✦ 보람된 하루를 마치는 저녁 기도

자비로우신 주님,
오늘 하루도 주님의 은총 속에서
살게 하심에 감사드립니다.
주님께서 먼저 저를 사랑하셨기에,
그 사랑에 힘입어 오늘 하루를
사랑으로 채울 수 있었습니다.
작고 평범한 일이었지만
누군가에게 따뜻한 손길을 내밀고,
말 한마디로 위로할 수 있었던
순간들에 감사드립니다.
제 작은 몸짓이 누군가에게 기쁨이 되고
희망을 전해 주었기를 바랍니다.

하루를 마치는 이 순간 벅찬 감동 속에서
주님의 사랑을 느낍니다.
내일도 오늘처럼
사랑으로 살게 하시고,
더욱 겸손한 마음으로
주님의 뜻을 따르게 하소서.
우리 주 그리스도를 통하여 비나이다. 아멘.

✦ 힘든 하루를 마치는 저녁 기도

우리의 연약함을 돌보시는 주님,
오늘은 힘든 하루였습니다.
끝나지 않을 것 같던 어려움 속에서 헤매며
지쳐 버린 제 몸과 마음을
주님 앞에 내려놓습니다.
사람과의 갈등 속에서,
풀리지 않는 문제 속에서
스스로를 자책하고

괴로워한 순간들까지
주님, 당신께서는
모두 알고 계시지요?
보고 계셨지요!
저의 연약함과 부족함을 남김없이
당신 앞에 놓아 드립니다.
비록 문제는 해결되지 않았고,
갈등도 여전히 남아 있지만,
오늘 하루 견딜 수 있도록
붙들어 주셨음에 감사드립니다.
이제 당신께 의지하며
무거운 짐들을 내려놓게 하시고
이 밤, 주님 안에서 평화를 누리며
쉴 수 있게 하소서.
어두운 밤에도 꺼지지 않는 빛으로
저를 비추시는 주님,
모든 염려를 당신께 맡기며
이제 잠자리에 듭니다.

우리 주 그리스도를 통하여 비나이다. 아멘.

✝ 기쁨 가득한 하루를 마치고 드리는 기도

주님, 찬미와 영광 받으소서!
오늘 하루 허락하신
기쁜 일에 감사드립니다.
모든 순간이 축복인 하루였습니다.
이 기쁨은 우연히 온 것이 아니라,
주님의 사랑과 돌보심 안에서
이루어진 것임을 압니다.
오늘 제가 누린 기쁨 속에는
저를 위해 애쓰고 도와준 많은 이들의
기도와 헌신이 담겨 있습니다.
주님 그들을 기억하시고
그들의 삶에도 축복을 더해 주소서.
이 기쁨이 제 안에서 그치지 않고
저도 누군가에게 기쁨을 전하고

나눌 수 있게 하소서.
오늘 받은 모든 은총을 마음 깊이 간직하며
내일도 모레도 감사하는 마음으로
시작할 수 있도록 허락해 주소서.
우리 주 그리스도를 통하여 비나이다. 아멘.

✦ 불안하고 걱정이 많은 하루를 마치며 드리는 기도

위로의 주님,
내일 무엇을 입을지, 무엇을 먹을지
걱정하지 말라고 하신 당신의 말씀을 떠올리며
저의 불안을 내려놓고 싶습니다.
하지만 여전히 불확실함과 애매함이
마음을 무겁게 하고,
앞날을 생각하면 평온을 잃고 두려움에 사로잡힙니다.
주님, 저의 연약함을 보시고 자비를 베풀어 주소서.
끊임없이 변하는 세상, 앞이 캄캄해

어디로 가야 할지 모르겠지만,

당신이 제 앞에 놓아 주신 징검다리를

하나하나 최선을 다해 딛으며

앞으로 나아가게 하소서.

오늘도 제가 건너야 할 징검다리에 이미 도착했으니,

내일의 염려는 이 밤 강물에 흘려보내고,

평안히 잠들게 하소서.

우리 주 그리스도를 통하여 비나이다. 아멘.

III.
일상의 기도

✦ 식사 전 기도

주님, 이 음식을 위해 수고한 모든 사람들을 축복하소서.
오늘의 음식을 건강한 선물로 여기며 감사히 먹겠습니다.
우리 주 그리스도를 통하여 비나이다. 아멘.

✦ 식사 후 기도

주님, 주신 은혜에 감사드리며
이 힘으로 사랑을 실천하게 하소서.
우리 주 그리스도를 통하여 비나이다. 아멘.

✦ 견디기 어려울 때 드리는 기도

주님, 저는 지금 너무 힘들고 견디기 어렵습니다.
피하고 싶지만, 십자가의 고통을 견디신 주님을
떠올리며 이겨 내게 하소서.
주님, 당신이 늘 저와 함께하심을
잊지 않도록 도와주시고,

이 순간을 견딜 힘을 주소서. 아멘.

✢ 운전 전 기도

생명의 근원이신 주님,
이 여정의 시작에 함께해 주시고
저와 동승자의 안전을 지켜 주소서.
늘 깨어 있는 마음과 차분한 마음을 주시어
서로를 배려하며 안전하게
목적지에 도달하게 하소서.
운전하는 동안에도
주님의 평화가 저희 안에 머물게 하시고
모든 순간에 감사하는 마음을 잊지 않게 하소서.
우리 주 그리스도를 통하여 비나이다. 아멘.

✢ 운전 후 기도

우리의 인도자이신 주님,

이 여정을 무사히 마치게 해 주심에 감사드립니다.

운전 동안 함께해 주시고

안전하게 지켜 주심에 감사드리며,

항상 주님의 은총 속에서

모든 일을 바르게 행하게 하소서.

앞으로도 주님의 평화 속에서

저희의 길을 걷게 하소서.

우리 주 그리스도를 통하여 비나이다. 아멘.

✢ 감사의 기도

자비의 주님,

제가 청한 것을 허락해 주심에 감사드립니다.

기다리는 동안 주님의 뜻을 온전히 믿지 못하고

의심하며 마음이 흔들렸던 저를 용서하소서.

그럼에도 제 기도에 귀 기울여 주시고

응답해 주신 주님의 은총에 감사드립니다.

'구하여라, 받을 것이다.

찾아라, 얻을 것이다.
두드려라, 열릴 것이다.'라는
주님의 말씀대로 살아가며,
앞으로는 흔들림 없는 믿음을 갖게 하소서.
우리 주 그리스도를 통하여 비나이다. 아멘.

IV.
나를 위한 기도

✦ 세상에 존재하는 나에 대한 감사 기도

창조주이신 주님,

저를 세상에 보내시고 당신 모상대로

만들어 주셨음에 감사드립니다.

때로는 스스로가 부족하게 느껴질 때도 있고,

남들과 비교하며 흔들릴 때도 있지만,

주님께서 제게 주신 고유한 재능과 소명이

주님의 특별한 계획안에 있음을 잊지 않게 하소서.

제 존재 자체가 주님의 사랑과 뜻 안에서

소중하고 아름답다는 것을 깨닫게 하시고,

그 안에서 기쁨을 누리게 하소서.

참된 제 모습으로 살아가며

주님 보시기에 좋은 삶을 살 수 있기를 원합니다.

제게 주신 주님의 빛으로 세상을 비추고

주님의 사랑을 나누며

당신을 닮은 모습으로 성장하여,

하느님 아버지의 뜻을 이루는

삶을 살게 도와주소서.
우리와 함께 계시는, 임마누엘,
우리 주 그리스도를 통하여 비나이다. 아멘.

✦ 관계 속에서 조화로운 나를 위하여

일치의 근원이신 하느님,
빠르게 변화하는 시대에 신앙과 믿음을
지키며 살아가는 것이 쉽지 않습니다.
풍요와 혁신을 불러온 과학 기술과
화려한 소비주의 시대를 살아가며,
신앙인으로서 다른 이들과
조화롭게 살기를 소망합니다.
저의 신념이 다른 이들에게
상처가 되지 않게 하시고,
고집부리지 않고, 다른 생각도
조화롭게 받아들이게 하소서.
저의 믿음이 다른 사람들을 배려하고

존중하는 방식으로 흐르고
열린 마음으로 서로 대화할 수 있도록 도와주소서.
바쁜 일상 속에서도 주님의 뜻을 따르며
사랑과 평화의 도구가 되어,
관계 안에서 주님의 빛을 비추는 삶을 살게 하소서.
우리 주 그리스도를 통하여 비나이다. 아멘.

✦ 꿈꾸고 도전하는 나를 위한 기도

희망의 근원이신 하느님,
시간이 흘러도 제 안에 뿌리내린 꿈을 키워
그 꿈을 향해 나아갈 용기를 주셔서 감사합니다.
저의 도전이 때로는 무모하고
성과가 보이지 않을지라도,
그 안에서 성장하는 자신을 발견하게 하시고
누구에게나 배울 수 있는 열린 마음과
포기하지 않는 마음도 갖게 하소서.
어떤 상황에서도 배움을 놓지 않는 겸손함과

주어진 기회를 온전히 활용하는 지혜를 주시어
저의 꿈이 당신 뜻 안에서
실현될 수 있도록 허락해 주소서.
어려움에 부딪힐 때마다 포기하기보다
새로운 방법을 찾아 도전하며,
가족과 친구, 동료의 도움을 받아
이뤄 내는 기쁨을 누리게 하소서.
언제나 제 곁에 함께하시며
저의 꿈과 노력을 축복하시는 주님께 감사드리며
우리 주 그리스도를 통하여 비나이다. 아멘.

✦ 여유롭고 온유한 내가 되기 위한 기도

온유하고 자비로우신 하느님,
바쁜 일상 속에서도
제 마음에 여유를 주시고,
어떠한 상황에서도 평온함을 잃지 않도록
제 마음에 힘을 더해 주소서.

분주한 삶 속에서 조급함 대신

너그럽고 따뜻한 마음을 갖게 하시며,

말과 행동에 온유함이 깃들어

주변 사람들과 평화롭게 살게 하소서.

힘들고 지칠 때에도

마음을 다스릴 수 있는 지혜를 주시고,

어떤 순간에도 감사할 수 있는

여유를 허락하소서.

작은 것에서 행복을 찾으며,

제 삶에 주어진 모든 것들 안에서

좋은 면을 살피게 하소서.

늘 주님 품에서 쉼을 얻고,

당신의 사랑으로

평온한 하루를 살게 하심에 감사드리며

우리 주 그리스도를 통하여 비나이다. 아멘.

✦ 위로가 필요한 나를 위한 기도

저의 모든 것을 아시는 하느님,

지금 제 마음은 지치고 무거워

아무것도 할 수 없습니다.

어떤 위로도

제 슬픔을 덜어 줄 수 없는 이 순간,

오직 주님만이

저를 어루만져 주실 수 있음을 압니다.

저의 고통을 아시며

함께 아파해 주시는 주님!

이 깊은 슬픔 속에서도

당신의 따뜻한 손길을 느낄 수 있게 하소서.

제가 다시 움직일 수 있는 힘을 주시고,

이 아픔을 견딜 수 있도록

주님의 사랑으로 저를 지탱하여 주소서.

비록 지금은 앞이 보이지 않지만,

주님의 빛으로 제 길을 밝혀 주시리라 믿습니다.

늘 저와 함께하시고

희망을 잃지 않게 붙들어 주시는 주님께 감사드리며

이 시간 당신께서 저와 함께 계심을 잊지 않게 하소서.

우리와 함께 계시는, 임마누엘,

우리 주 그리스도를 통하여 비나이다. 아멘.

V.
가족을 위한 기도

✦ 가장을 위한 기도

하느님 우리 아버지,
책임감 속에 늘 가족을 위해 헌신하는
저희 가장을 위해 기도합니다.
일터에서의 어려움, 꿈을 좇고 싶은 갈등 중에서도
가족을 위해 묵묵히 희생해 온 시간들을
저희가 잊지 않고 감사하게 여길 수 있도록 도와주소서.
그 헌신과 사랑을
저희가 당연한 것으로 받아들이지 말게 하시고
또한 저희가 가장에게
깊은 감사와 사랑을 표현하게 하소서.
아이들을 함께 기르며 부모로서,
그리고 인간으로서 함께 성장할 수 있는
많은 시간을 주셔서 감사합니다.
사랑과 희생 속에 쌓아 온 추억들이
가장에게도 힘이 되어
어려움 속에서 앞으로 나아가는

희망이 되게 하소서.

항상 함께하시는 주님의 은총에 감사드리며,

가장의 무게를 덜어 주시고

그동안 수고 많았다고 당신께서 격려해 주소서.

우리 주 그리스도를 통하여 비나이다. 아멘.

✦ 자녀를 위한 기도

사랑의 주님,

저희에게 소중한 자녀를 주셔서 감사드립니다.

제 모든 것 중에,

가장 귀한 존재인 자녀들이

당신께서 주신 축복이며,

소중한 선물임을 잊지 않게 하소서.

아이들의 삶을 지켜보며

때로는 염려와 걱정이 앞서기도 하지만,

그 모든 순간에

주님의 축복과 자비를 먼저 청하며

자녀들이 걸어가는 길을
믿음으로 바라보게 하소서.
주님, 저희 아이들이 자신만의 길을 찾아가며
삶 속에서 참된 행복과 소명을 발견하게 하시고,
어떠한 어려움 속에서도
주님께서 함께하심을 잊지 않게 하소서.
부모인 저희가 곁에서 함께하지 못하는 순간에도,
당신의 사랑 안에서 친구와 선생님,
이웃들의 따뜻한 도움과 지혜로
위험과 유혹을 헤쳐 나갈 수 있도록 이끌어 주소서.
그리고 부모인 저희는
자녀들에게 신앙의 모범이 되어
당신 사랑을 비추는 거울이 되게 하소서.
우리 주 그리스도를 통하여 비나이다. 아멘.

✦ 부모를 위한 기도

자애로우신 하느님,

부모는 평생 자녀들을 위해
헌신하고 희생하며 삽니다.
부모는 눈에 보이는 하느님과 같습니다.
어느새 저희 부모도 노년기에 접어들어
몸과 마음이 예전 같지 않습니다.
주님께서 함께하시어
그들의 건강을 지켜 주시고
평안함을 허락해 주소서.
피곤한 몸에 활력을 주시고,
지친 마음에 위로와 기쁨을 더해 주소서.
저희 부모의 하루하루가 평안함과 감사로 가득 차고,
걱정과 두려움 대신
주님의 평화 속에 머물게 하소서.
저희 또한 부모를 더욱 공경하고
사랑으로 섬길 수 있도록 도와주시고,
주님의 은혜로 저희 가족이
늘 화목하게 지낼 수 있도록 인도하여 주소서.
우리 주 그리스도를 통하여 비나이다. 아멘.

✦ 배우자를 위한 기도

사랑의 근원이신 하느님,

제 삶에 가장 소중한 선물인 짝꿍을 주심에 감사드립니다.

뜨거운 사랑의 열정으로 함께했던 순간에도,

매일의 평범한 일상 속에서도

저희가 서로에게

기쁨과 위로가 될 수 있었음에 감사합니다.

함께 자녀를 키우며

기뻐하고 때로는 아픔을 겪으며

저희 부부가 그 모든 순간을

함께 견딜 수 있었던 것은

당신의 은총임을 깨닫습니다.

제 꿈을 응원해 주고,

슬픔과 어려움 속에서도

서로의 곁을 지켜 준 배우자에게

진심으로 감사하는 마음을 당신께 올립니다.

하느님, 저희가 앞으로도 서로에게 힘이 되고

더 깊은 사랑으로
함께할 수 있도록 이끌어 주소서.
지금까지 그래 왔듯이,
기쁠 때나 슬플 때나 변함없는
믿음과 사랑으로 서로를 보듬으며
삶의 여정 끝까지
동반자로 남을 수 있게 해 주소서.
주님, 당신께서 주신
이 소중한 인연에 깊은 감사를 드리며
이 기도 우리 주 그리스도를 통하여 비나이다. 아멘.

✝ 반려동물을 위한 기도

사랑이신 하느님,
제 삶에 소중한 가족인 반려동물을
허락해 주심에 감사드립니다.
외로운 순간마다 반려동물의
따뜻한 눈빛과 작은 몸짓 하나하나가

저에게 얼마나 큰 위로와 기쁨이 되었는지 모릅니다.

그들의 미소는 마치 당신의 미소를 닮은 것 같아,

더욱 감사하게 느껴집니다.

하느님, 이 소중한 존재가

건강하게 저와 함께할 수 있도록

늘 지켜 주시고 축복해 주소서.

이 작은 생명에게도

당신의 사랑이 가득하길 바라며

제가 더 많이 사랑하고 보살필 수 있도록

따뜻한 마음을 허락하소서.

주님, 반려동물과 저희가 나누는 따뜻한 순간들이

당신의 사랑으로 더 깊어지게 하소서.

우리 주 그리스도를 통하여 비나이다. 아멘.

VI.
기도가 필요한 순간

✢ 출근, 일을 시작하며 드리는 기도

변함이 없으신 하느님,

새로운 하루를 허락해 주심에 감사드리며

오늘도 제가 할 일이 저의 천직이 아니어서

힘들고 지치는 순간들이 있더라도,

가족을 책임지며, 나 자신을 성장시키고,

사회에서 맡은 바 역할을 다할 수 있는

기회로 삼게 해 주소서.

제 마음에 불평과 불만이 아닌

감사와 기쁨을 채워 주시고,

작은 일에도 최선을 다할 수 있는

힘과 지혜를 주소서.

때로는 일이 벅차고 어려울 때도 있지만,

포기하지 않는 힘과 용기를 주시고,

저를 이 자리로 부르신 하느님의 뜻을 생각하며

겸손하게 걸어가게 하소서.

그리하여 이 일을 통해 제 안에 있는 좋은 것들이

더 자라나게 하시고

오늘 하루도 주님의 은총 속에서

즐겁고 보람된 시간이 될 수 있도록 이끌어 주소서.

우리 주 그리스도를 통하여 비나이다. 아멘.

✛ 수업, 공부를 시작하며 드리는 기도

지혜이신 하느님,

오늘도 새로운 배움을 시작할 수 있음에 감사합니다.

주님, 제가 어려운 문제를 마주할 때마다

두려워하지 않고, 헤쳐 나갈 수 있다는

자신감을 가질 수 있도록 도와주세요.

제 마음이 산만해지지 않도록 집중력을 주시고,

배운 내용을 잘 이해하며

차곡차곡 쌓아 갈 수 있도록 함께해 주세요.

지치고 힘든 순간이 찾아와도 포기하지 않게 하시고,

끝까지 인내하며 노력할 수 있는 힘을 주소서.

이 공부와 배움이 저를 성장시키고,

미래에 필요한 지혜와 능력을 갖추는

밑거름이 되게 해 주시길 간절히 청합니다.

우리 주 그리스도를 통하여 비나이다. 아멘.

✦ 회의, 모임을 시작하며 드리는 기도

지혜의 근원이신 주님,

오늘 이 자리에 모여

함께 이야기를 나눌 수 있도록

허락해 주심에 감사드립니다.

이 시간 동안 제 의견을 분명히 전달하되

고집하지 않도록 도와주시고,

선입견 없이 상대방의 의견을 경청하게 하소서.

지혜로운 대화를 통해 서로를 이해하고,

최선의 선택을 끌어낼 수 있도록 인도해 주시고,

이를 통해 서로가 함께 성장할 수 있는

시간이 될 수 있기를 청합니다.

우리 주 그리스도를 통하여 비나이다. 아멘.

✦ 치료를 시작하며 드리는 기도

치유자이신 하느님,
지금 질병으로 인해 긴 치료를 시작하며
주님께 간절히 기도드립니다.
제 몸과 마음이 미리부터 지치지 않도록 힘을 주시고,
끝까지 희망을 잃지 않고
생명의 주인이시며 치유자이신
당신께 의탁하게 하소서.
의료진의 손과 머리가
당신의 지혜와 치유의 손길을 닮게 하시어
그들이 올바른 판단과
최선의 치료를 할 수 있게 해 주소서.
이 모든 것을 주님의 손길에 맡기며,
주님의 은총으로 건강하게 다시 일어설 수 있게 하소서.
우리와 함께 계시는, 임마누엘,
우리 주 그리스도를 통하여 비나이다. 아멘.

✦ 수능을 준비하며 드리는 기도

지혜와 인내를 주시는 하느님,

중·고등학교 교육 6년을 마무리하고

이제 수능을 준비하며

주님께 간절히 기도드립니다.

그동안 쌓아 온 노력과 수고가

헛되지 않도록 지켜 주시고,

시험을 준비하는 동안 평온한 가운데

집중력을 잃지 않도록 도와주소서.

어려운 순간에도 포기하지 않고

끝까지 최선을 다할 힘을 주시며

지혜롭게 문제를 풀어 나가도록 도와주소서.

시험 당일에도 마음의 평정을 잃지 않고,

최고의 실력을 발휘하여

좋은 결과를 얻을 수 있도록 도와주소서.

시험이 끝난 후에는 새로운 꿈을 향해

한 걸음 더 나아갈 수 있는

문이 열리도록 이끌어 주시고,

이 모든 시간을 통해

더 성장한 저 자신을 만날 수 있게 하소서.

이 모든 것을 주님의 손에 맡기며,

우리와 함께 계시는, 임마누엘,

우리 주 그리스도를 통하여 비나이다. 아멘

VII.
노년을 위한 기도

✟ 노년의 건강과 안정된 삶을 청하는 기도

영원하신 하느님,

오랜 세월 돌보아 주시며 지금의 삶에 이르게 하신

당신의 사랑에 깊은 감사를 드립니다.

남은 시간 주님의 은총 속에

건강과 평화를 누리며 살아가게 하소서.

몸이 아플 때에는

적절한 치료를 받을 수 있게 하시고,

생활에서는 안정되어 걱정 없이

당신께서 주신 복된 삶을

기뻐하며 찬미하게 하소서.

주님, 선물같이 주어진 시간 속에서

주위의 어려운 이웃들을 돌아볼 수 있는

따뜻한 마음을 허락하시고,

제가 살아온 삶의 지혜를 나누며

누군가에게 작은 도움이 될 수 있도록 이끌어 주소서.

하느님, 저에게 허락된 날들을

당신의 사랑과 은총 속에서 복되고 의미 있는 날들로
채워 나갈 수 있기를 간절히 희망합니다.
저를 돌보시고 지켜 주시는 주님께
이 모든 것을 맡겨 드립니다. 아멘.

✛ 소외되지 않는 노년을 위한 기도

사랑과 자비로 세상을 품으시는 주님,
이 땅의 모든 어르신들을 위해 기도드립니다.
그들의 삶이 노년에 이르러도 소외되지 않고,
함께하는 사람이 줄더라도 외로움에 빠지지 않도록
주님의 따뜻한 위로와 사랑으로 채워 주소서.
소박한 관계 속에서도 사랑과 기쁨을
느낄 수 있는 마음을 허락하시고,
주변의 따뜻한 관심과 존중 속에서
평안한 나날을 보내게 하소서.
지금까지 베풀어 온 헌신과 사랑이
풍요로운 축복으로 되돌아오게 하시어,

삶의 황혼 속에서도 새로운 희망과 기쁨을
발견할 수 있도록 지혜를 주소서.
주님, 저희 모두가 어르신들을 존경하고
그들의 지혜와 경험을 존중하며 함께 살아가는
따뜻한 세상을 만들어 갈 수 있도록 도와주소서.
우리 주 그리스도를 통하여 비나이다. 아멘.

✦ 존엄한 노년을 위한 기도

자비로우신 주님,
긴 세월 동안 열심히 살아온
어르신들에게 존엄한 노년을 허락해 주소서.
그들이 젊은 시절 가족과 이웃을 위해
희생하고 헌신하며 최선을 다했으니,
이제는 주님 안에서 평화와 위로를 얻게 하소서.
그들이 노쇠로 인한 불편함 속에서도
마음은 풍요와 지혜로 가득 차게 하시며,
자기 삶의 가치와 존엄을 잃지 않도록 도와주소서.

세상의 빠른 변화 속에서도 소외되지 않고
따뜻한 사랑과 존경 속에서 외로움이 아닌
평화와 기쁨을 느끼며 살아가게 하소서.
주님, 그들의 남은 생이 당신의 은총으로 충만하고
하루하루 감사와 평안함 속에 머물며
삶의 끝자락까지 존귀함과 희망을 간직하게 하소서.
우리 주 그리스도를 통하여 비나이다. 아멘.

✦ 노년의 평화로운 관계를 위한 기도

지혜의 근원이신 하느님,
시간이 흐르며 제가 살아온 세월이 쌓이고
익숙한 습관과 가치관이 제 삶의 일부가 되었습니다.
그러나 시대는 빠르게 변하고
다음 세대는 새로운 길을 걷고 있습니다.
굳어진 마음을 열고 그들과 함께 살아가며,
겸손한 마음으로 새로운 생각을 받아들이게 하소서.
젊은 세대의 열정과 생각을 인정하며,

그들이 가진 가능성을 바라보고
존중할 수 있는 눈을 주소서.
시대의 변화 앞에서 두려움보다는
희망과 긍정의 마음으로
새로운 길을 힘차게 걸어 나갈 수 있도록 용기를 주소서.
제가 아는 것만 옳다고 고집하지 않고
새로운 것이라고 무조건 두려워하지 않으며
그 속에서 진정한 가치를 찾을 수 있는 분별력을 주소서.
주님, 제 마음을 새롭게 하시고
변화 속에서도 평화를 잃지 않게 하소서.
우리 주 그리스도를 통하여 비나이다. 아멘.

✦ 노년의 기쁨과 열정이 지속되길 청하는 기도

열정 가득하신 하느님,
긴 여정을 걸어온 모든 어르신들이
삶의 황혼기 속에서도
기쁨과 열정을 잃지 않도록 도와주소서.

비록 몸이 예전 같지 않아도

마음속 깊은 곳에서 삶의 의미를 발견하고

하루하루를 기쁘고 즐겁게 살아갈 수 있도록 도와주소서.

주님께서 주신 아름다운 지상의 삶 동안

작은 것에서도 감사와 행복을 느끼며

주위 사람들과 따뜻한 사랑을 나누며 살아가게 하소서.

그들의 삶이 끝나는 순간까지

희망으로 가득 차게 하시고,

마지막 순간에는 편안한 죽음을 허락하시어

당신 품에서 영원한 안식을 누리게 하소서.

삶의 모든 순간을 함께해 주시는 주님께 감사드리며,

저희가 그들을 사랑으로 보살피고 존경하며

마지막 여정을 축복으로 채우게 하소서.

우리 주 그리스도를 통하여 비나이다. 아멘.

VIII.
고통 중에 있는 이를 위한 기도

✦ 사고와 재해로 고통받는 이들을 위한 기도

치유자이신 하느님,

불의의 사고나 재해로

사랑하는 가족을 잃었거나

큰 고통을 겪고 있는 이들을 기억하소서.

삶의 갑작스러운 변화로

슬픔과 절망 속에 있는 이들을 위로하시고,

그들의 마음에 당신만이 주실 수 있는

위안을 주소서.

비탄 속에 있는 이들이

당신의 따스한 손길을 느끼게 하시고,

도움을 청하는 사람들이

필요한 돌봄을 받게 해 주소서.

슬픔과 상처로 무너진 이들이

새로운 삶을 시작할 수 있도록 일으켜 주시고,

세상의 모든 사람들이 서로 돕고 연대하며

사랑을 나누는 공동체가 되게 하소서.

또한 재난 현장에서 구조와 지원에 헌신하는 모든 이들에게
건강과 지혜, 안전을 허락하시어
그들의 노고가 큰 열매를 맺게 해 주소서.
언제나 우리와 함께하시는 주님,
당신께 모든 것을 맡겨 드리며 이 기도를 바칩니다. 아멘.

✦ 애도 중에 있는 이들을 위한 기도

위로자이신 주님,
깊은 슬픔 속에서 사랑하는 이를
떠나 보낸 이들을 위로하소서.
생사의 이별 속에서
그들이 홀로 남겨지지 않도록 함께해 주시고,
그들의 마음을 당신의 위로로
채워 주시고 평화롭게 해 주소서.
슬픔이 깊어질 때면 당신만이 주실 수 있는
희망을 기억하게 하시고,
그들이 사랑했던 이와의 소중한 기억들이,

슬픔을 넘어 감사와 치유의 시간으로
변화될 수 있도록 도와주소서.
고인의 영혼을 당신의 자비로운 품 안에 받아 주시고,
남겨진 이들은 믿음과 사랑 속에서 서로를 의지하며
다시 일어설 수 있는 힘을 얻을 수 있도록 도와주소서.
세상 끝날 때에는 다시 만나게 될 소망을 품고,
슬픔의 이 시간이 깊은 사랑과
새로운 희망으로 이어지게 하소서.
우리를 위로하시는 주님,
당신께 모든 것을 맡기며 이 기도를 드립니다. 아멘.

✦ 실연의 아픔 속에 있는 이들을 위한 기도

사랑으로 가득하신 하느님,
지금 사랑의 끝에서
슬픔과 절망에 잠겨 있는 이들을
기억하시고 위로해 주소서.
그들이 느끼는 상실의 아픔이

크고 깊을지라도, 그 사랑했던 순간들이
결코 헛되지 않았음을 깨닫게 하소서.
그 사랑으로 인해
그들의 마음이 얼마나 풍요로웠고,
그 과정 속에서 얼마나 많이
성장했는지를 잊지 않게 하시고
자신을 소중히 여기도록 도와주소서.
주님, 때로 사랑의 끝이 아픔으로 남지만
당신께서 그들을 더 깊이 사랑하신다는 것을
잊지 않게 하소서.
그들이 느끼는 빈자리를
당신의 따뜻한 사랑으로 채워 주시고,
자신을 사랑하며 다시 희망을 품을 수 있는
용기를 주소서.
우리의 마음을 누구보다도 잘 아시는 주님,
이 슬픔의 시간을 치유와 회복의 기회로 삼게 하시어
그들이 다시 웃을 수 있도록
당신의 축복을 가득히 내려 주소서.

우리 주 그리스도를 통하여 비나이다. 아멘.

✦ 실패와 좌절을 겪는 이를 위한 기도

자애로우신 주님,
오랜 시간 간절히 바라며 노력했던 일이
뜻대로 이루어지지 않아
깊은 상실감과 좌절 속에 있는
이들을 기억하소서.
그들의 마음이 무겁고 지칠지라도,
그 순간 주님께서 함께하고 계심을
잊지 않게 하소서.
이 실패가 그들의 가치를 결정짓는 것이
아님을 알게 하시고, 그동안의 모든 노력이
헛되지 않았음을 알게 하소서.
주님, 실패의 아픔 속에서도
그들이 희망의 빛을 발견하게 하시고,
이 결과가 끝이 아니라

다른 시작이 될 수 있다는
믿음과 희망을 갖게 해 주소서.
비록 지금은 길이 막힌 것처럼 느껴지더라도
당신의 계획 속에 더 좋은 길이
준비되어 있음을 깨닫게 하소서.
삶의 여정에서 그들이 늘 당신의 손을 잡고
나아갈 수 있도록 인도해 주소서.
우리 주 그리스도를 통하여 비나이다. 아멘.

✦ 깊은 우울 속에 있는 이를 위한 기도

자비로우신 주님,
지금 깊은 어둠 속에서 홀로 힘겨워하며
손가락 하나 움직일 힘조차 없는
이들을 위해 기도합니다.
그들이 느끼는 슬픔과 무력함 속에서
주님께서 함께 아파하시며 그 마음을
조용히 감싸안아 주심을 느끼게 하소서.

주님, 당신께서 그들의 고통을 깊이 헤아리시고
그들과 함께 이 터널을 지나고 계심을
그들이 느끼게 해 주소서.
주님, 작고 사소한 일에도 의미가 있음을 깨닫고,
작은 성취를 통해 한 걸음씩 나아갈 수 있도록
힘을 주소서.
완벽하지 않아도 충분히 성장하고 있음을 알게 하시고,
그들의 친구와 가족, 사랑하는 이들이
곁에 있고 기다리고 있다는 사실을
잊지 않게 하소서.
모든 터널은 끝이 있기에,
이 또한 지나간다는
지혜를 체험하는 시간이 되게 하소서.
우리 주 그리스도를 통하여 비나이다. 아멘.

IX.
축하와 축복하는 기도

✦ 생일을 축하하는 기도

사랑과 기쁨의 샘이신 주님,

오늘 세상에 하나뿐인 소중한 이의

생일을 맞아 기도합니다.

매년 맞는 생일이지만,

그가 세상에 태어난 순간부터

주위에 얼마나 큰 기쁨과 행복을 주었는지

그 사실을 깨닫게 하소서.

가족과 친구들의 사랑 속에서 자라 온

소중한 삶임을 기억하게 하시고,

그가 주님께 축복받은 존재임을 느끼게 하소서.

주님, 생일은 일 년 중 하루지만,

매일매일을 기쁨과 행복 속에서

생일처럼 지낼 수 있게 하소서.

기쁨이 필요한 날엔 주위의 사랑을 떠올리고,

힘든 날엔 주님께서 곁에 계심을 잊지 않게 하소서.

오늘만이 아니라 매일이

그에게 특별한 축복의 날이 되게 하시고,
삶의 모든 여정이 주님 안에서 행복으로 물들게 하소서.
우리 주 그리스도를 통하여 비나이다. 아멘.

✦ 결혼을 축하하는 기도

사랑이신 주님,
오늘 당신 앞에서 하나가 되어
새 가정을 꾸리는 신랑과 신부를 축복하소서.
그들이 나누는 사랑이
단지 기쁨의 순간만이 아니라
슬픔과 어려움 속에서도
함께할 수 있는 믿음과 힘이 되게 하소서.
그들이 삶의 여정 속에서
서로의 부족함을 채우고 함께 성장하며
더 깊은 사랑 안에서 하나 되게 하소서.
주님, 사랑은 책임과 예의를 지키는 것임을
늘 잊지 않게 하시고,

그들이 고운 말과 따뜻한 마음으로
서로를 돌보며 작은 배려 속에서도
행복을 발견하게 하소서.
언제나 서로를 존중하고 신뢰하며,
어떤 상황 속에서도
함께 이겨 낼 힘과 용기를 주시고,
그들의 가정이 주님께서 주시는
평화와 사랑으로 가득 차게 하소서.
주님께서 이 가정을 지켜 주실 것을 믿으며
우리 주 그리스도를 통하여 비나이다. 아멘.

✦ 합격한 수험생을 위한 기도

우리의 힘이신 주님,
치열한 경쟁 속에서도 오랜 시간 꿈을 향해
성실히 걸어 온 수험생들을 축복해 주소서.
많은 날 잠 못 이루며, 때로는 지치고 힘들어도
포기하지 않고 견뎌 낸 그들의 노력에

당신의 크신 축복을 더해 주소서.

그들이 오늘 이 합격의 기쁨이 단지 결과가 아닌

새로운 시작임을 기억하게 하시고,

새로운 여정 속에서도

주님께서 늘 동행하심을 느끼게 하소서.

주님, 이 모든 과정 속에서

함께 수고하고 마음 졸이며

끝까지 자녀를 응원하고 헌신해 온

부모들 또한 축복하소서.

새로운 시작 앞에 선 이들에게

지혜와 용기를 주시고,

배움 속에서 더욱 성장하여

자신과 세상을 이롭게 하는

사람이 되게 하소서.

그 과정 안에서

어려움과 실패가 있다 하더라도

주님께 의지하며 계속해서 나아가게 하시고,

그들의 걸음마다 축복과 평화가 가득하길 기도합니다.

우리 주 그리스도를 통하여 비나이다. 아멘.

✦ 입사, 승진을 축하하는 기도

참된 인도자이신 주님,
그동안의 노력으로 전문적인 지식을 쌓고
새로운 일을 시작하거나 공로를 인정받아
승진한 이들을 축복해 주소서.
그들이 헌신과 열정으로 이룬 결실에 감사하며,
주님께서 주신 달란트를 의미 있게 잘 활용하여
더욱 빛나는 삶을 살도록 이끌어 주소서.
일의 기쁨 속에서도 겸손함을 잃지 않고
어려운 순간마다 주님께 의지하며,
새로운 도전들을
두려움 없이 맞이할 수 있도록 힘을 주소서.
그들의 일이 단지 개인의 성취와 만족을 넘어
더 많은 사람들에게 도움이 되게 하시고
주님께서 허락하신 지혜와 재능이

세상에 선한 열매를 맺게 하소서.

동료들과 조화를 이루며

배움의 기회를 넓혀 가고

전문 분야에서 당신의 뜻을 이루는

일꾼이 되게 하소서.

새로운 시작과 승진의 길에

주님의 축복이 가득하길 청하며

그들의 여정이 주님의 영광을 드러내는 길이 되게 하소서.

우리 주 그리스도를 통하여 비나이다. 아멘.

✦ 상을 받았을 때 감사의 기도

기쁨의 샘이신 주님,

오늘 이 상을 받게 된 이를 위해

감사의 기도를 드립니다.

그동안의 헌신과 노력, 열정이

오늘의 이 상으로 결실을 맺을 수 있었던 것은

당신께서 인도하신 결과임을 깊이 감사드립니다.

그가 이룬 결실과 기쁨이

단지 자신만의 것이 아니라,

주변 사람들과 나누는 기쁨으로 확장되어

더 큰 축복을 가져오기를 기도합니다.

주님, 이 상이 그에게 자부심과 영광이 되게 하시며,

이 상을 통해 그가 더욱 겸손하고

하느님의 뜻에 맞는 삶을 살도록 이끌어 주소서.

상을 받은 이는 더 큰 책임감을 느끼며,

자신의 재능과 능력을 세상을 위해

선하게 사용할 수 있도록 인도하소서.

이 상을 통해 얻은 기쁨이 더욱 큰 사랑으로 이어져,

주님의 은총 안에서 다른 이들에게도

영감을 주는 사람이 되게 하소서.

앞으로도 그가 걸어갈 길에

주님의 축복이 늘 함께하심을 믿으며

우리 주 그리스도를 통하여 비나이다. 아멘.

X.
세상과 나를 잇는
기도

✦ 보이지 않게 도움을 준 이들을 위한 기도

인자하신 주님,
이 성과들이 제 노력만으로 된 것이 아님을 깨닫습니다.
풍요로운 시대에 인류가 쌓아 온 지식과 문화,
과학 기술의 발전을 누릴 수 있었으며,
든든한 사회적 기반과 교육 환경,
저를 이끌어 준 가족과 선생님, 이웃들이 있었습니다.
또한 보이지 않는 곳에서 저를 위해
기도해 주신 분들이 계셨음에 감사드립니다.
그 모든 이들에게 주님의 은총과 축복을 가득 내려 주시고,
그들의 수고가 더 많은 결실을 맺을 수 있도록 도와주소서.
언젠가는 저도 누군가의 꿈을 이루는 길에
기쁘게 함께하며 그들에게 희망과 도움이 되는 사람이 되어
주님의 사랑을 전하며 살아가는 삶이 되게 하소서.
우리와 함께 계시는, 임마누엘,
우리 주 그리스도를 통하여 비나이다. 아멘.

✦ 우연한 도움에 감사하는 기도

무한히 선하신 주님,
뜻밖의 순간에 저를 도와준 이들을 위하여 기도합니다.
저와 아무런 관계가 없음에도
도움을 베풀어 준, 그의 마음에서
저는 당신의 깊은 사랑을 느낍니다.
그의 선한 의도와 행동을 통해
주님의 은총을 경험할 수 있도록
이끌어 주심에 감사드립니다.
이처럼 누군가의 작은 도움에서도
주님의 손길을 느낄 수 있음을 깨닫고,
저 또한 주님의 사랑을 나누는
삶을 살아갈 수 있도록 도와주소서.
모든 일이 주님의 뜻 안에서 이루어짐을 믿고,
오늘도 감사하는 마음으로 살아가게 하소서.
우리와 함께 계시는, 임마누엘,
우리 주 그리스도를 통하여 비나이다. 아멘.

✢ 도무지 기도할 수 없을 때 드리는 기도

자비로우신 하느님,

지금은 제 마음이 너무 무겁고,

도저히 기도할 힘이 나지 않습니다.

하지만 주님께서는 제 마음을 아시며,

저의 모든 고통과 고민을

이미 알고 계신다는 것을 믿습니다.

어떠한 말로도 표현할 수 없지만,

제 마음 깊은 곳의

슬픔과 두려움, 불안과 분노를

주님께 모두 꺼내어 놓습니다.

주님, 당신은 저의 약함을 아시고

고통 속에 있는 저와 함께하시니,

제가 그 속에서 다시 일어날

힘과 용기를 주소서.

우리와 함께 계시는, 임마누엘,

우리 주 그리스도를 통하여 비나이다. 아멘.

✦ 공정하고 평화로운 지구촌을 위한 기도

정의의 하느님,

놀라운 과학 기술과 인공 지능의 발달로

인류는 더 풍요롭고 편안한 시대를 살아가고 있습니다.

그러나 여전히 세계 곳곳에는 기아와 불평등,

절대 빈곤 속에서 고통받는 이들이 있음을

잊지 않게 하소서.

주님의 사랑과 정의가 모든 이에게 미쳐,

이 기술들이 공평하게 사용되고,

모든 사람이 그 혜택의 풍요로움을

누릴 수 있게 해 주소서.

이 혁신을 이끌어 가는 이들에게는

지혜와 깨달음을 주시고,

그들이 인류애와 도덕적 책임을

잊지 않도록 이끌어 주소서.

기술이 사람을 돕고, 세상을 더 나은 곳으로

변화시키는 도구가 되게 하시며,

온 세상 모든 이들이 평화롭고 안전한

삶을 누릴 수 있도록 도와주소서.

주님, 과학 기술이 남녀노소, 경제적 능력에 상관없이

모든 이에게 고루 전달되고,

장벽 없이 익히고 사용할 수 있도록 도와주소서.

기술을 통해

모든 이가 더 나은 삶을 살도록 그 길을 열어 주시고,

아무도 소외되지 않게 하소서.

우리 주 그리스도를 통하여 비나이다. 아멘.

✦ 수능을 마치고 드리는 기도

사랑이 넘치시는 하느님 아버지,

수능을 무사히 마칠 수 있도록

도와주셔서 감사드립니다.

시험 준비 기간 동안 저희 자녀들을 지켜 주시고

어려움 속에서 늘 함께해 주셔서 감사드립니다.

오랜 시간 동안 열정과 노력으로

땀 흘리며 준비한 수험생들이

오늘 주님께 모든 것을 맡기고

최선을 다하도록 이끌어 주셨음을 믿습니다.

시험 준비 기간 동안 힘든 순간에

용기와 힘을 주며 어려움을 함께 나누고

적극적으로 도움을 준

친구와 가족, 선생님들에게도 감사드립니다.

하느님, 시험 결과와 관계없이

아이들이 그동안 쏟은 노력과 경험을 통해

성장하였음을 깨닫게 해 주시고,

그들이 스스로를 자랑스럽게 여기며

하느님께 감사드릴 수 있도록 도와주소서.

또한 앞으로의 모든 길들도 주님께서 인도해 주시고,

아이들이 걸어갈 새로운 여정에

주님의 평화와 지혜를 가득 내려 주소서.

오늘 이 순간까지 인내하며 견뎌 온 모든 힘이

주님의 은총이었음을 언제나 떠올리게 하소서.

우리 주 그리스도를 통하여 비나이다. 아멘.